내가 나를 보내

백명식 글·그림

강화에서 태어나 서양화를 전공했고, 출판사 편집장을 지냈습니다.
어린이들이 좋아하는 책을 쓰고 그릴 때 가장 행복합니다.
그린 책으로는《자연을 먹어요(전 4권)》《WHAT 왓? 자연과학편(전 10권)》시리즈,
《책 읽는 도깨비》등이 있으며, 쓰고 그린 책으로는《돼지 학교(전 40권)》
《인체과학 그림책(전 5권)》《맛깔나는 책(전 7권)》《저학년 스팀 스쿨(전 5권)》
《명탐정 꼬치의 생태 과학(전 5권)》시리즈 등이 있습니다.
소년한국일보 우수도서 일러스트상, 소년한국일보 출판부문 기획상,
중앙광고대상, 서울 일러스트상을 받았습니다.

냄새 나는 책 2 〈똥〉

백명식 글·그림
1판 1쇄 발행 2016년 4월 29일 | 1판 3쇄 발행 2021년 1월 19일 | 펴낸이 정중모 | 펴낸곳 파랑새 | 등록 1988년 1월 21일(제406-2000-000202호)
주소 경기도 파주시 회동길 152 | 전화 031-955-0670 | 팩스 031-955-0661 | 홈페이지 www.bbchild.co.kr
전자우편 bbchild@yolimwon.com | ISBN 978-89-6155-670-5   77470, 978-89-6155-668-2(세트)

ⓒ백명식, 2016
· 책값은 뒤표지에 있습니다.
· 저작자와 출판사의 허락 없이 이 책의 일부 또는 전체를 인용하거나 발췌하는 것을 금합니다.

어린이제품안전특별법에 의한 제품 표시
제조자명 파랑새 | 제조년월 2021년 1월 | 제조국 대한민국 | 사용연령 7세 이상

냄새 나는 책 똥

백명식 글·그림

파랑새

차례

똥 속에는 뭐가 있을까? 8

왜 동물마다 똥 모양이 다를까? 10

초식 동물과 육식 동물의 똥은 어떻게 다를까? 12

물속 생물과 육지 생물의 똥은 어떻게 다를까? 14

똥을 먹고 사는 동물도 있을까? 16

자기 똥을 먹는 동물도 있을까? 18

세상의 똥은 누가 다 치울까? 20

똥은 왜 냄새가 고약할까? 22

똥을 어떻게 거름으로 만들까? 24

똥은 어디에 쓰일까? 26

똥 색깔로 건강 상태를 알 수 있을까? 28

똥을 조심해야 하는 동물은 누굴까? 30

킁킁킁! 똥동화 똥으로 부활한 피자와 감자튀김 32

낱말풀이 40

동물들은 모두 똥을 눠.
사람들은 똥을 더럽다고 여기고 똥 냄새에 코를 틀어막지.
하지만 말이나 돼지 등은 똥을 전혀 신경 쓰지 않아.
심지어 똥을 먹는 녀석들도 있다고.

똥 속에는 뭐가 있을까?

건강한 사람의 정상적인 똥에는 물이 약 70퍼센트 들어 있어.
나머지 30퍼센트는 음식물 찌꺼기와 여러 가지 세균,
장에서 떨어져 나온 점막 등이지.
물이 차지하는 비율이 80퍼센트를 넘어서면 똥이 아주 묽어져서
물똥이 나오게 되는데 그게 바로 설사야.
반대로 물이 60퍼센트를 밑돌면 토끼나 염소 똥처럼
딴딴하게 굳은 된똥이 나와.
변비에 걸리면 똥이 장 속에서 계속 물을 빼앗겨 된똥이 돼.

왜 동물마다 똥 모양이 다를까?

혹시 '똥'이라는 말을 하는 게 부끄럽니?
그렇다면 앞으론 '대변'이라고 불러 보렴.
똥을 점잖은 말로 대변이라고 하거든.
똥은 우리가 먹는 것들의 찌꺼기이기 때문에
먹이에 따라 모양도 가지각색이야.

초식 동물과 육식 동물의 똥은 어떻게 다를까?

초식 동물들은 시도 때도 없이 먹고 배출해.
초식 동물들이 먹는 풀은 영양분이 적고 소화가 잘 안 되거든.
반면 육식 동물은 영양분이 많은 고기를 먹기 때문에
먹는 것도 가끔씩, 누는 것도 가끔씩 하지.
육식 동물의 똥에는 잡아먹은 동물의 털이나 뼈가 섞여 있어.
털이나 뼈는 소화가 안 되기 때문에 그대로 똥과 섞여 나오거든.
반면 초식 동물은 찌꺼기가 거의 없는 똥을
엄청 많이 누지!

물속 생물과 육지 생물의 똥은 어떻게 다를까?

동물의 피를 빨아먹고 사는 박쥐는 대개 질척질척한 물똥을 눠.
건조한 사막에 사는 낙타는 물기가 거의 없는 퍽퍽한 된똥을 누지.
세상에서 가장 몸집이 큰 흰긴수염고래는 하루에
약 4톤의 크릴새우를 먹고서 어마어마한 물똥을 눠.

똥을 먹고 사는 동물도 있을까?

세상에는 남이 눈 똥을 맛있게 먹어치우는 이상한 녀석들도 있어.
그중 쇠똥구리는 소나 말처럼 덩치 큰 동물의 똥을 먹어치우지.
게다가 똥 속에 아늑한 집을 만들어서 알을 낳기도 해.
쇠똥구리의 애벌레는 그 똥을 먹고 쑥쑥 자란단다.

개미는 '감로'라고 부르는 진딧물의 똥을 아주 좋아해.
그래서 감로를 먹기 위해 무당벌레로부터 진딧물을 지켜 줘.
물속에서는 물고기들이 하마의 똥을 먹기 위해
하마 꽁무니를 졸졸 쫓아다닌단다.

자기 똥을 먹는 동물도 있을까?

자기 똥을 재활용하는 토끼도 빼놓을 수 없지.
토끼는 소화 기관이 약해서 먹이를 두 번 소화시켜야 해.
신선한 풀을 맛있게 먹고 동글동글 알사탕 같은 똥을 눈 뒤
다시 그 똥을 먹어서 두 번째로 소화를 시키지.

세상의 똥은 누가 다 치울까?

세상의 수많은 동물들은 모두 똥을 누고 살아.

똥 청소부가 없다면 지금쯤 세상은 똥으로 뒤덮여 있을 거야.

누가 그 똥들을 다 청소하냐고?
바로 미생물이야.
미생물은 똥을 먹어치우는 똥 청소부라고 할 수 있어.
특히 막대기 모양을 한 간균이란 세균 중에
똥을 엄청나게 좋아하는 녀석이 있지.

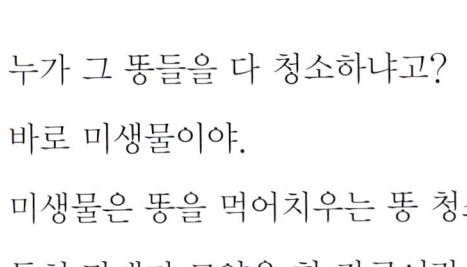

똥은 왜 냄새가 고약할까?

똥에서 나는 고약한 냄새는 큰창자(대장)에 사는 세균들이 음식물에 들어 있는 단백질을 분해할 때 생기는 거야. 단백질이 많은 음식을 먹을수록 똥 냄새가 고약해지지. 그래서 고기를 먹는 육식 동물의 똥 냄새가 지독한 거란다.

똥을 어떻게 거름으로 만들까?

똥에는 식물이 자라는 데 필요한 영양분이 많아.
그래서 똥을 거름으로 만들어 농사를 짓지.
금방 눈 똥은 세균이 많아서 냄새가 심하지만
짚이나 재, 두엄으로 오랫동안 덮어 두면
미생물들이 똥을 좋은 거름으로 만들어.
하지만 똥 속에서 끈질기게 살아남는 기생충 알들도 있으니
조심해야 한다는 걸 잊지 마.

똥은 어디에 쓰일까?

옛날에는 소똥을 집 벽에 바르거나 지붕을 이을 때 사용하기도 했어.
소똥을 모아 발효시키면 가스가 생기는데, 이를 연료로 쓰기도 하지.
또 바닷새나 박쥐가 바위에 눈 똥이 굳으면 '구아노'라는 좋은 비료가 돼.
태국에서는 코끼리 똥으로 종이를 만드는데
똥 속에 있는 나무줄기와 잎의 섬유질이 종이의 원료지.

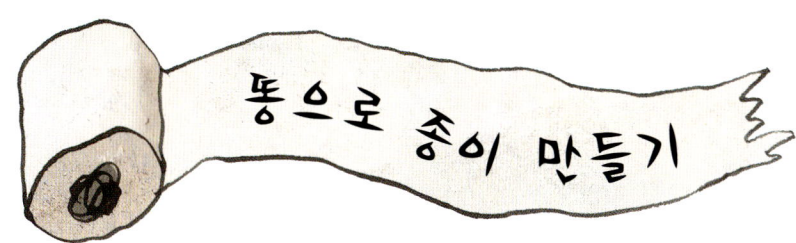

똥으로 종이 만들기

1. 코끼리 똥을 모아 햇볕에 말린다.

2. 24시간 동안 통에 넣고 삶아서 세균과 냄새를 없앤다.

3. 폐지와 물을 섞어 종이죽을 만든다.

4. 틀에 한 장씩 넣어서 말린다.

돼지 똥 전기

돼지 똥에서는 박테리아가 찌꺼기를 분해하며 가스가 발생해. 이 가스로 전기 에너지를 만들 수 있어. 돼지 4,000마리의 똥으로 하루에 약 600킬로와트의 전기를 생산할 수 있지.

똥 색깔로 건강 상태를 알 수 있을까?

이제 더 이상 똥을 냄새나고 더럽다고 무시하지 않겠지?
굵직한 황금색 똥을 눴다면 어깨를 쫙 펴고 자신감을 가져도 돼.
똥은 우리 몸의 건강 상태를 알려 주는 신호란다.

초록색 똥
초록색 채소를 많이 먹었을 때나 상한 음식, 세균에 감염되었을 때 나와.

건강하지 않으면 똥 냄새도 지독해!

똥을 조심해야 하는 동물은 누굴까?

약한 동물들은 똥을 누고 나면 재빨리 치워야 해.
그렇게 하지 않으면 천적들이 똥 냄새를 맡고
잡아먹으러 올지도 모르거든.
너구리는 일부러 자기가 사는 굴에서
멀리 떨어진 한곳을 정해 놓고 그곳에서만 똥을 눠.

똥으로 부활한 피자와 감자튀김

킁킁킁! 똥 동화

내가 그렇게 맛있니?

안녕? 나는 포테이토피자야.

밀가루 반죽을 넓게 펴서 감자와 베이컨, 버섯, 치즈를 올리고
화덕에서 노릇노릇 구워 만드는 먹음직스러운 음식이지.

아마 날 좋아하지 않는 아이는 없을 거야.

동이도 나를 무척 좋아해서 세 조각이나 아구아구 먹어치웠단다.

옆에 있던 스파게티와 감자튀김도 함께 말이지.

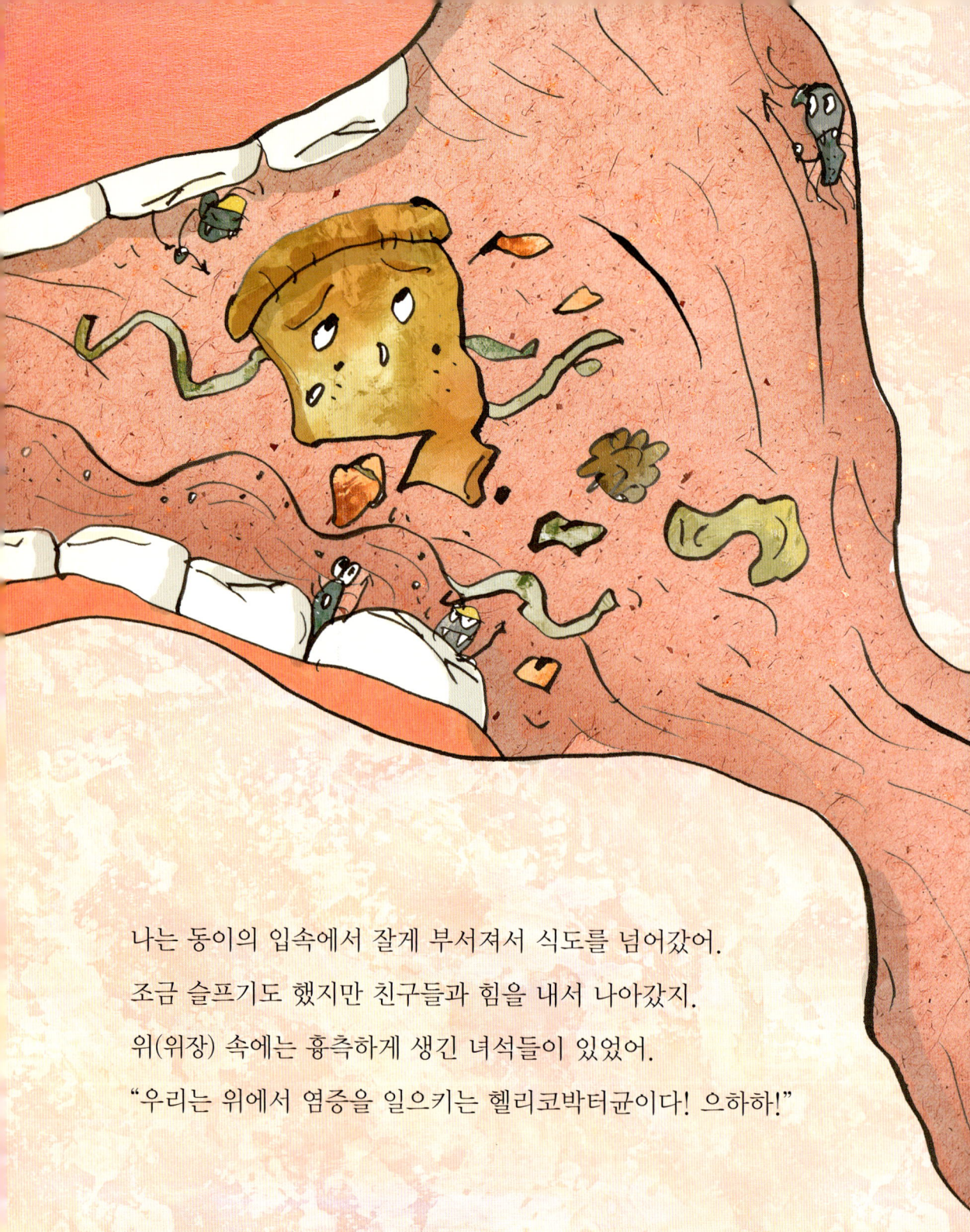

나는 동이의 입속에서 잘게 부서져서 식도를 넘어갔어.
조금 슬프기도 했지만 친구들과 힘을 내서 나아갔지.
위(위장) 속에는 흉측하게 생긴 녀석들이 있었어.
"우리는 위에서 염증을 일으키는 헬리코박터균이다! 으하하!"

휴우, 다시는 만나고 싶지 않은 녀석들이야.
나는 녀석들을 피해 샘창자(십이지장)를 거쳐
좁고 구불구불한 작은창자(소장)로 들어섰어.
그 사이 내 몸은 형체를 알 수 없을 정도로 뭉개졌지.

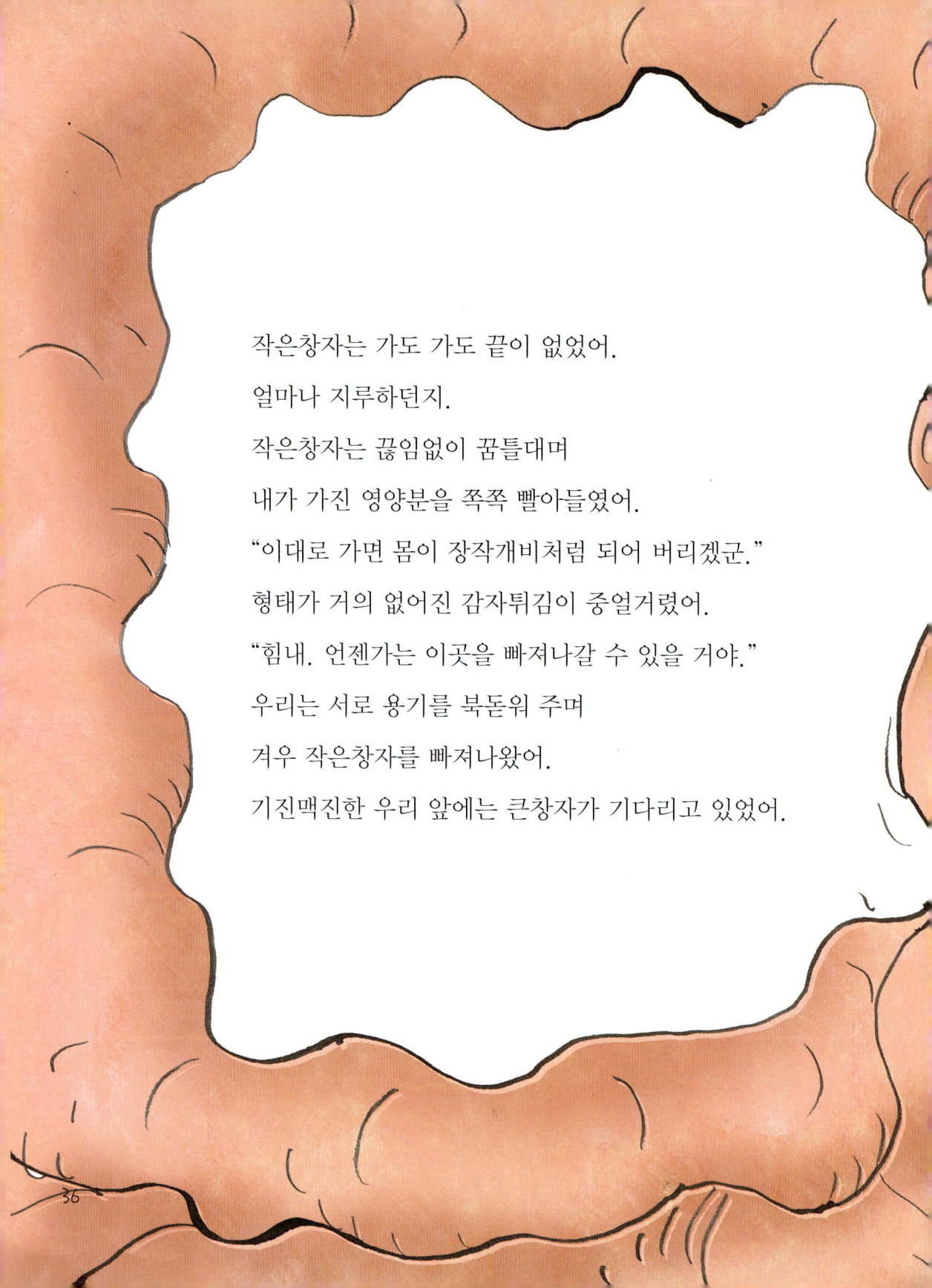

작은창자는 가도 가도 끝이 없었어.
얼마나 지루하던지.
작은창자는 끊임없이 꿈틀대며
내가 가진 영양분을 쪽쪽 빨아들였어.
"이대로 가면 몸이 장작개비처럼 되어 버리겠군."
형태가 거의 없어진 감자튀김이 중얼거렸어.
"힘내. 언젠가는 이곳을 빠져나갈 수 있을 거야."
우리는 서로 용기를 북돋워 주며
겨우 작은창자를 빠져나왔어.
기진맥진한 우리 앞에는 큰창자가 기다리고 있었어.

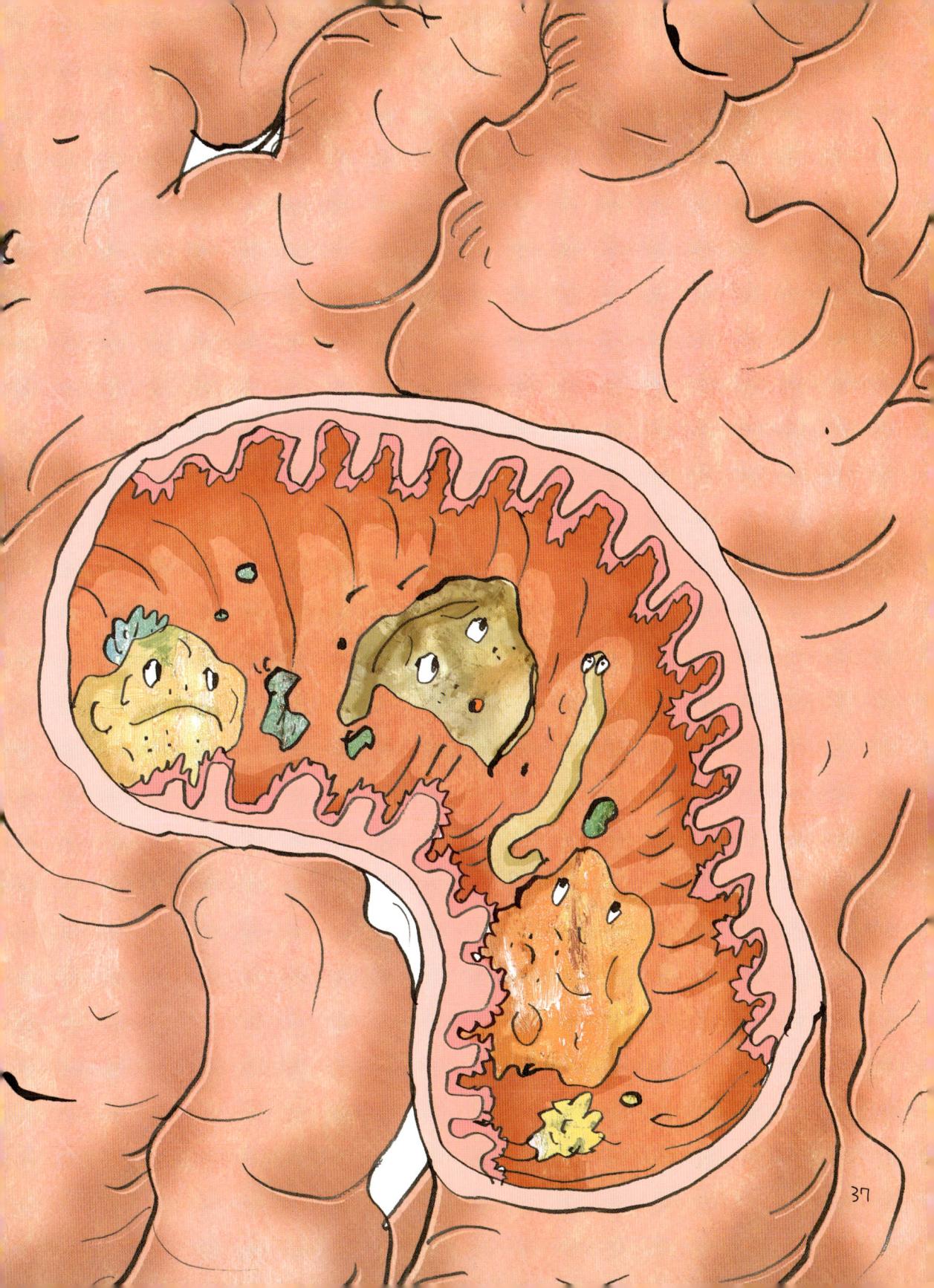

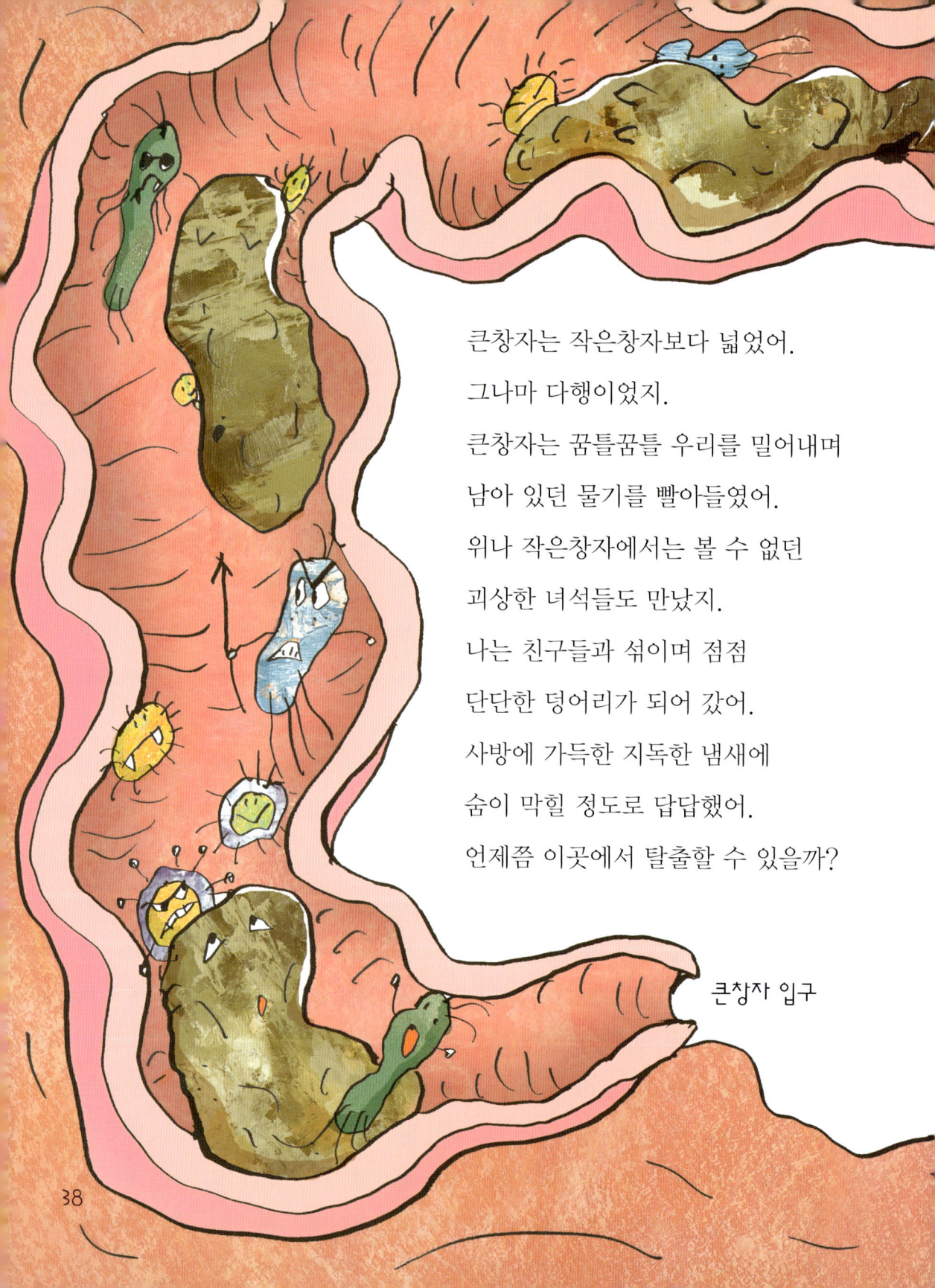

큰창자는 작은창자보다 넓었어.
그나마 다행이었지.
큰창자는 꿈틀꿈틀 우리를 밀어내며
남아 있던 물기를 빨아들였어.
위나 작은창자에서는 볼 수 없던
괴상한 녀석들도 만났지.
나는 친구들과 섞이며 점점
단단한 덩어리가 되어 갔어.
사방에 가득한 지독한 냄새에
숨이 막힐 정도로 답답했어.
언제쯤 이곳에서 탈출할 수 있을까?

큰창자 입구

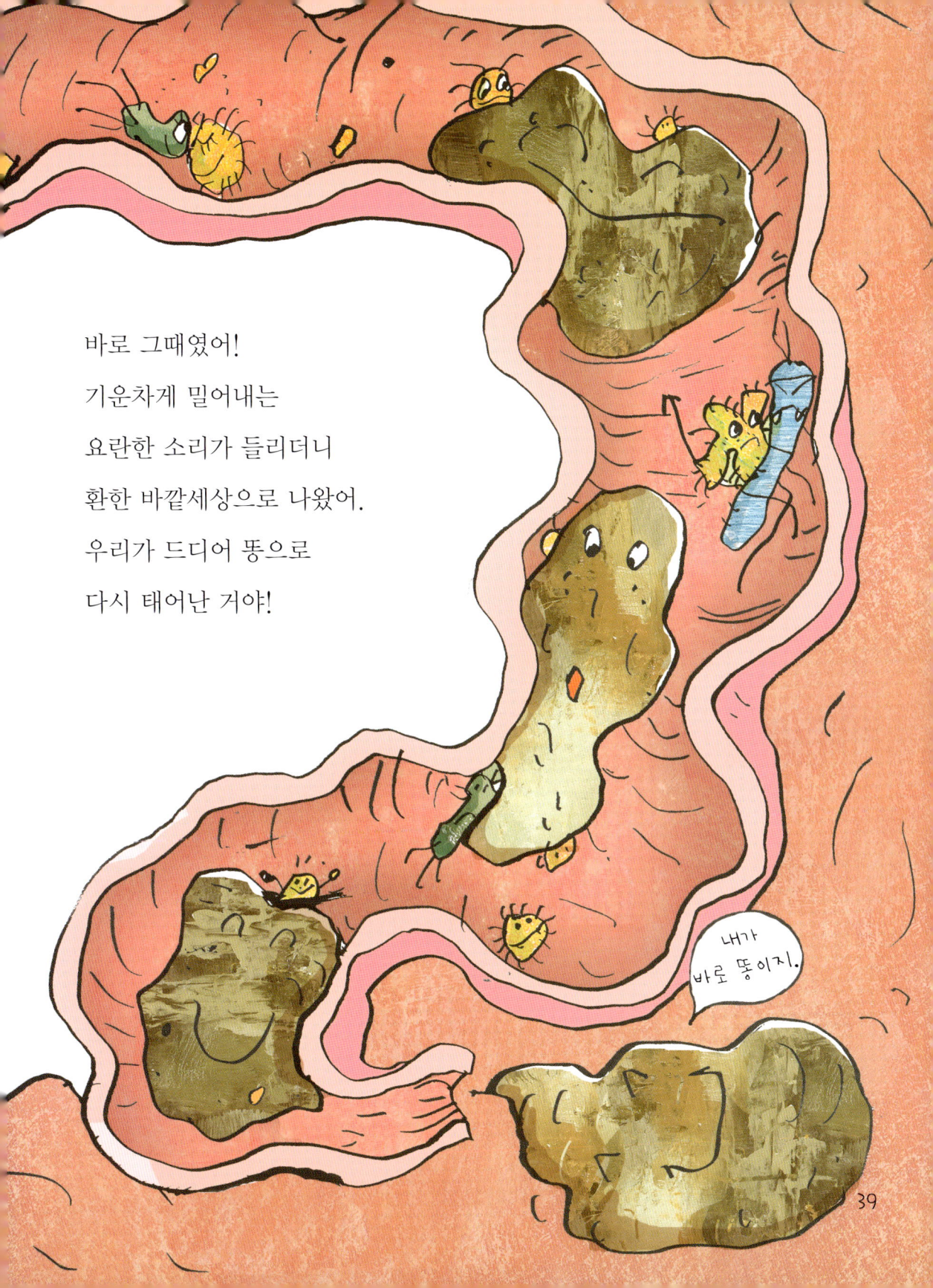

바로 그때였어!
기운차게 밀어내는
요란한 소리가 들리더니
환한 바깥세상으로 나왔어.
우리가 드디어 똥으로
다시 태어난 거야!

낱말풀이

간균 : 막대기 또는 원통 모양을 띤 세균을 말하며, 이 중 오물을 정화하는 능력이 뛰어나 정화조에 이용되는 세균도 있다.

구아노 : 건조한 바닷가 지역에 새나 박쥐의 배설물이 쌓여 굳은 물질이다. 식물이 자라는 데 필요한 영양소가 많아 고급 비료로 사용된다.

기생충 : 다른 생물에게서 영양분을 빼앗아 살아가는 벌레를 말한다. 기생충이 붙어사는 생물을 숙주라고 하는데, 숙주는 영양분을 빼앗기기 때문에 건강이 나빠질 수 있다.

단백질 : 3대 영양소 가운데 하나로, 세포와 근육을 이루는 물질이다. 세포 안에서 여러 가지 화학 작용을 돕는다. 육류, 생선, 우유, 달걀, 콩 등에 많이 들어 있다.

대장균 : 사람이나 동물의 장 속에 사는 세균으로, 주로 큰창자에 머문다. 대부분은 얌전하지만 어떤 것은 설사나 위염을 일으키기도 한다.

박테리아 : '세균'이라고도 하며 미생물 가운데 가장 작은 단위의 생물이다.

발효 : 미생물이 유기물을 분해하여 다른 물질로 변화시키는 것을 말한다. 곰팡이, 효모, 세균 등에 의해 발효가 이루어진다.

샘창자(십이지장) : 작은창자의 첫 번째 부분으로, 위와 붙어 있다. 위액과 섞여 산성을 띠는 음식물을 중화하고, 작은창자에서 영양분을 잘 흡수할 수 있도록 잘게 만든다.

섬유질 : 식물의 뿌리를 제외한 줄기나 잎의 조직을 말한다. 우리 몸은 섬유질을 소화시킬 수 없기 때문에 대부분 똥과 함께 그대로 배설된다. 섬유질은 물기를 많이 머금기 때문에 똥이 부드러워지고 양도 많아진다.

소화 : 음식물이 몸속에서 영양분으로 흡수되기 위해 잘게 쪼개지는 것을 말한다. 소화되고 남은 찌꺼기는 똥이나 오줌으로 나온다.

식도 : 입에서 삼킨 음식물이 위로 이동하는 통로이다. 목에서 가슴 부위에 곧은 모양으로 자리하며, 근육을 움직여 음식물을 아래로 보낸다.

위(위장) : 우리가 먹은 음식물이 식도를 통해 몸속으로 들어와 처음 머무는 소화 기관이다. 텅 빈 자루 모양으로, 음식물을 잘게 부수어 작은창자로 보내며, 강한 산성을 띤 위액을 내뿜어 세균을 없앤다.

작은창자(소장) : 소화 기관 중 가장 큰 역할을 하는 기관으로, 입과 위에서 잘게 부수어진 음식물을 더 잘게 분해하고 영양분을 흡수하는 역할을 한다. 위와 큰창자 사이에 있으며, 6미터나 되는 긴 통로가 꼬불꼬불하게 자리한 모양이다.

장티푸스균 : '장티푸스'라는 전염병을 일으키는 세균이다. 장티푸스에 걸리면 열이 나고 배가 아프며 몸이 전체적으로 쇠약해진다.

점막 : 우리 몸의 기관이나 조직의 표면을 둘러싼 막으로, 점액이 나온다.

콜레라균 : '콜레라'라는 무서운 전염병을 일으키는 세균이다. 콜레라에 걸리면 계속 설사를 하면서 몸에서 물이 빠져나가 죽음에 이를 수도 있다.

큰창자(대장) : 소화 기관 중 마지막 단계에 있는 것으로, 음식 찌꺼기에서 물을 흡수한다.

헬리코박터균 : '헬리코박터 파일로리'라고도 부르는 세균이다. 위에 기생하며 위염이나 위궤양과 같은 질병을 일으킨다.